I0711609